NYC BASIC TIPS AND ETIQUETTE

NYC BASIC TIPS AND ETIQUETTE
Copyright © 2014 by Nathan W. Pyle
All rights reserved.

Korean Translation Copyright © 2016 by Hakgojae
Korean translation rights arranged with HarperCollins Publishers
through EYA (Eric Yang Agency).

NYC BASIC TIPS AND ETIQUETTE

2016년 3월 15일 초판 1쇄 발행

지은이 네이선 W. 파일
옮긴이 김하늬
펴낸이 우찬규, 박해진
펴낸곳 도서출판 학고재 (주)

주 소 서울시 마포구 양화로 85 (서교동) 동현빌딩 4층
전 화 편집 02-745-1722 영업 070-7404-2810
팩 스 02-3210-2775
홈페이지 www.hakgojae.com

ISBN 978-89-5625-335-0 07940

이 책은 저작권법에 의해 보호를 받는 저작물입니다.
이 책에 수록된 글과 이미지를 사용하고자 할 때에는 반드시
저작권자와 도서출판 학고재의 서면 허락을 받아야 합니다.

NYC
BASIC TIPS AND ETIQUETTE

네이선 W. 파일

일러두기

이 책에 나오는 인물들은 가상의 인물이며 실존 인물과 비슷한 점이 있다면 모두 우연입니다.
이 책은 안전 가이드가 아니며, 독자는 자신의 행동에 책임을 져야 합니다.

아래쪽에 • 표시가 있는 각주는 옮긴이의 주입니다.

할머니 할아버지께 바칩니다:

클래리스
시어도어
파체코
윌리엄

NYC BASIC TIPS AND ETIQUETTE #2

이 책의 내용은 다음과 같은 두 가지를 설명하고 있습니다:

에티켓

모르는 사람에게 함부로 키스하지 마세요.

그 쓰레기는 이제 내 꺼야!

팁

쓰레기 더미에는 털북숭이 괴물이 삽니다. 정말로요.

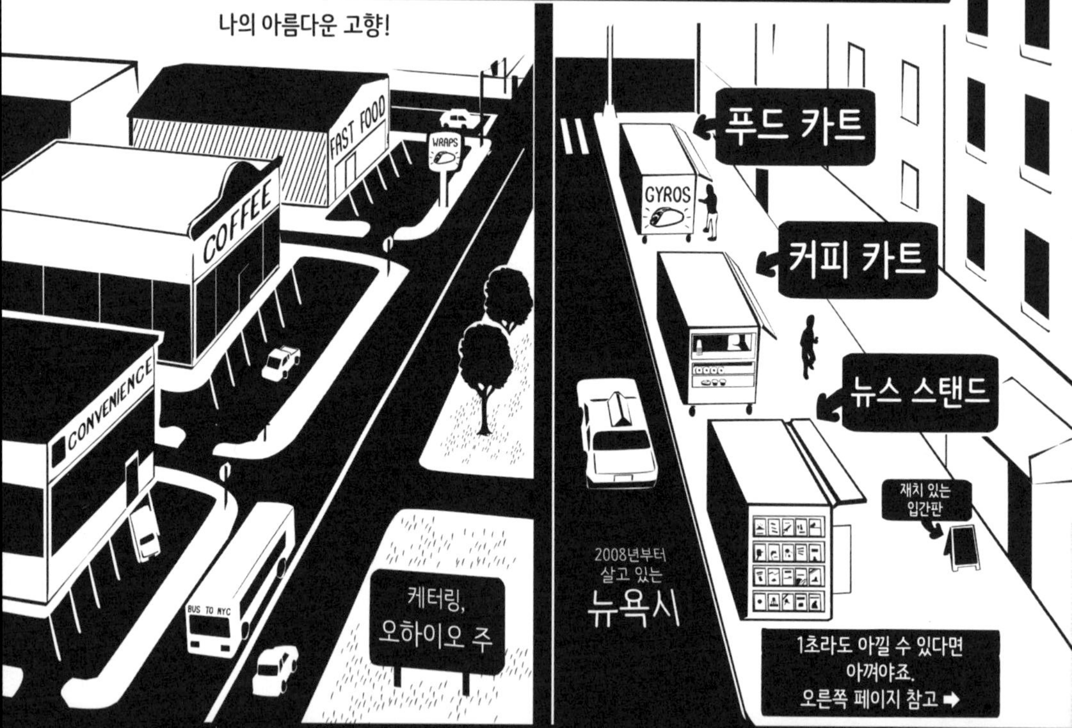

NYC BASIC TIPS AND ETIQUETTE #7
왼쪽 페이지를 수정해야겠네요.

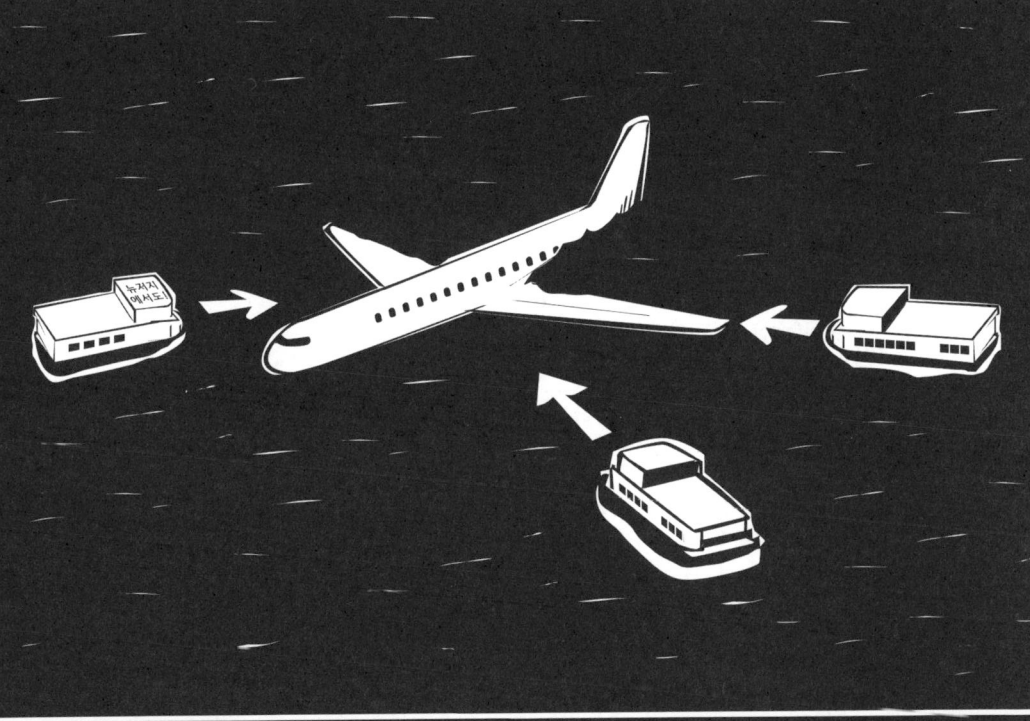

뉴요커는 *진짜진짜* 잘 도와줍니다.

NYC BASIC TIPS AND ETIQUETTE #9

NEW YORK

뉴욕에 오신 것을 환영합니다.
여기선 꼭 지켜야 할 규칙이 있죠.

바로 걸리적거리지 않는 것입니다!

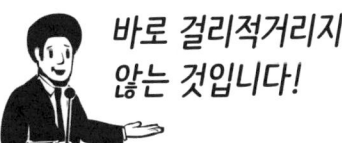

별로 어렵지 않네요!

NYC BASIC TIPS AND ETIQUETTE #10

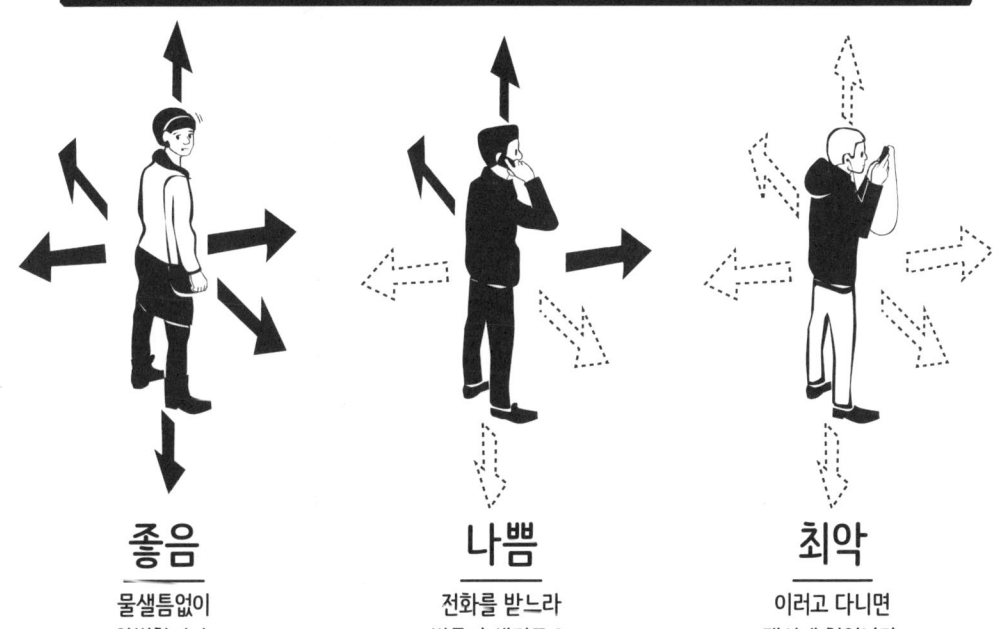

NYC BASIC TIPS AND ETIQUETTE #13
꼭 붙어 있어야 하는가?

YES

NO

NYC BASIC TIPS AND ETIQUETTE #17

흐린 날에는 당신의 배려가 더 빛납니다.

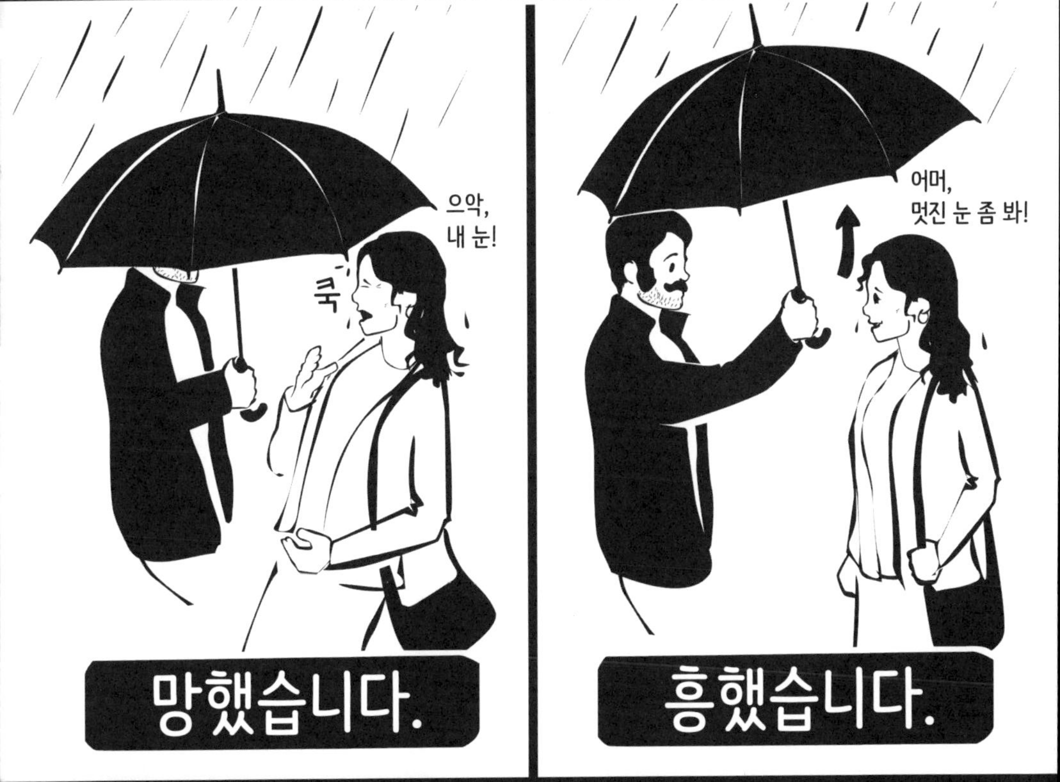

NYC BASIC TIPS AND ETIQUETTE #19

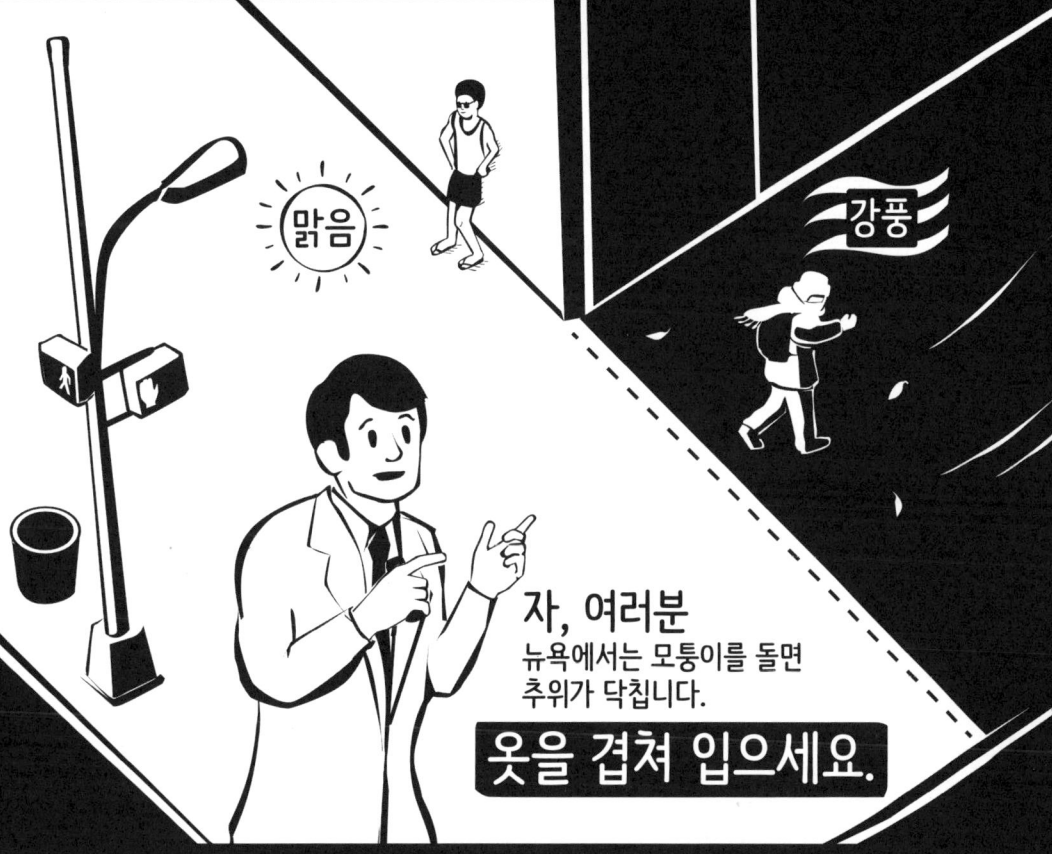

NYC BASIC TIPS AND ETIQUETTE #20

뉴욕시 택시 예보   FROM 허드슨 머키

대부분의 날
"여기 타세요!" "여기요!"
빈 차가 **아주 많음**
그래도 택시를 잡으려면 노력이 필요합니다.
(많이 걸어야 함!)

비 오는 날
"나는 유니콘!"
갑자기 택시가 **거의 없음**
가끔 서지도 않을 콜택시에도 손을 흔듭니다.

오후 5시쯤
"기름이 필요해!"
근무 교대 시간에는 **거의 없음**
오후 5시에 한번 주유해 보세요!

· 뉴욕의 허드슨 강이 진흙처럼 흐려 보이는(murky) 것을 이름처럼 표현했다.

NYC BASIC TIPS AND ETIQUETTE #21

NYC BASIC TIPS AND ETIQUETTE #22

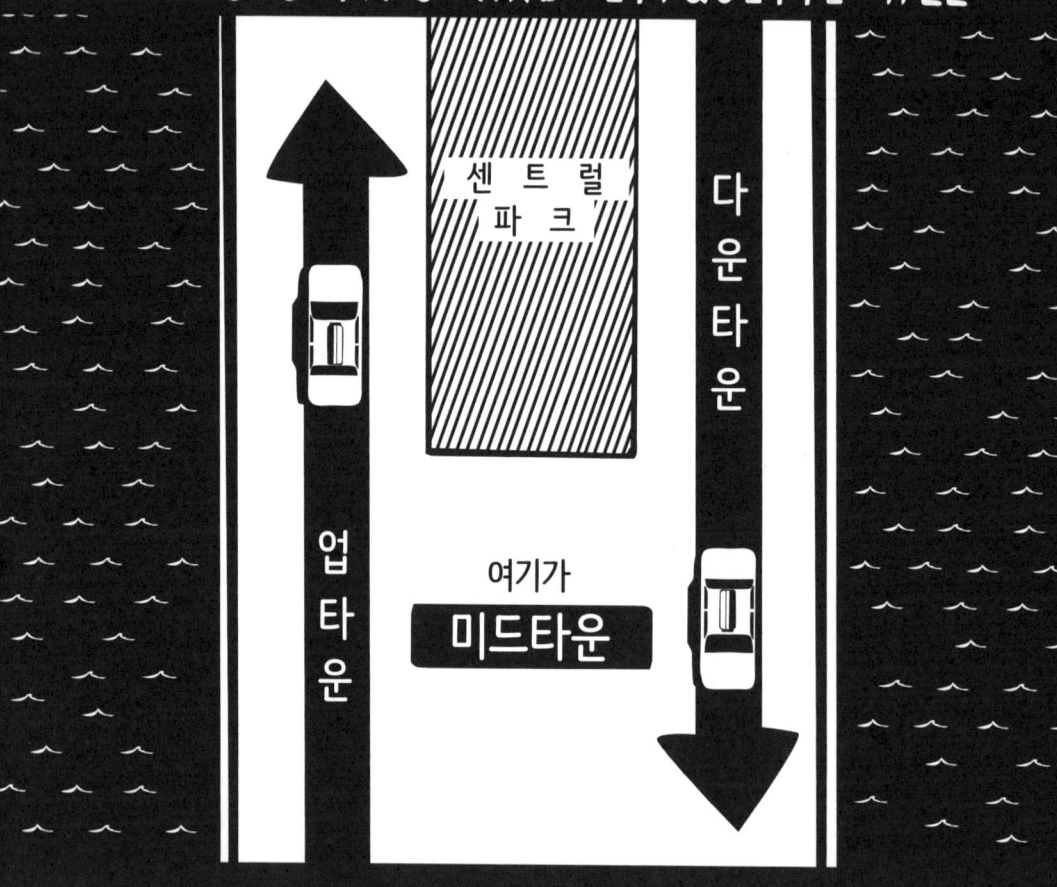

· 전광판 속에 나온 것은 뉴욕의 지명이다.

NYC BASIC TIPS AND ETIQUETTE #24

Manhattan
B R I D G E

Made of Metal

맨해튼 브리지는 금속으로 만들어졌습니다.

Brooklyn
B R I D G E

Built from Blocks

브루클린 브리지는 벽돌로 지었습니다.

NYC BASIC TIPS AND ETIQUETTE #25

시끄러운 지역 ← → 외곽 지역

볼륨

NYC BASIC TIPS AND ETIQUETTE #26

이 모든 것을 보려면 타야 합니다.

대중
(수많은 사람들이)
교통
(다른 장소로 이동)

별별 일들이 일어나는
이 동 상 자 들

이 트램은 루스벨트 아일랜드까지 갑니다.
근사하죠. →

NYC BASIC TIPS AND ETIQUETTE #27

지하에서는 전화가 거의 터지지 않습니다

각오 하세요

여보세요?
여보세요?
엄마?

NYC BASIC TIPS AND ETIQUETTE #28

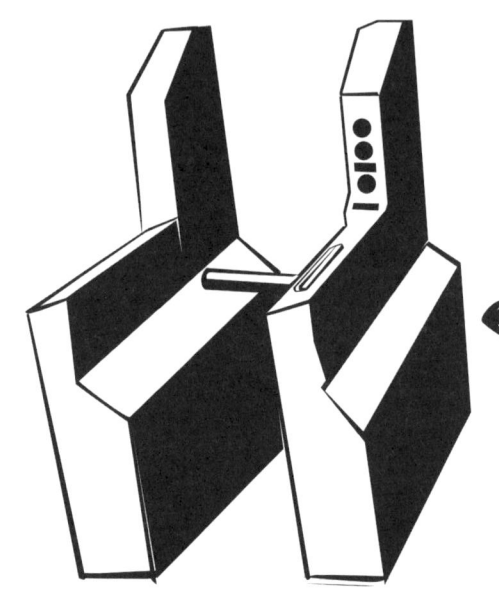

소리를 못 들었다면

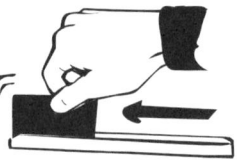

딸깍

← 개찰구에서 분명히

꼴깍

카드가 성공적으로 긁혔다면
개찰구 열리는 소리가 들릴 겁니다.

NYC BASIC TIPS AND ETIQUETTE #31

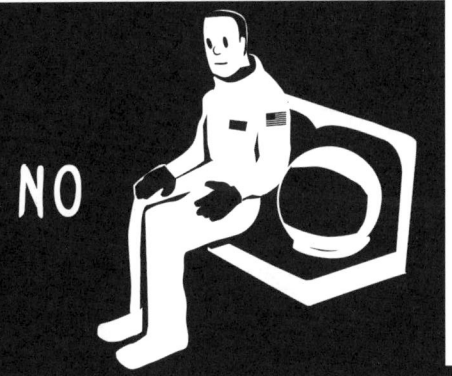
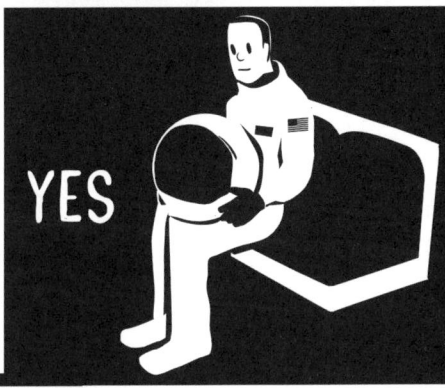

니가 누구든. 소지품은 무릎 위에 올려놓으세요.

NYC BASIC TIPS AND ETIQUETTE #33

You are RUDE
너는 거슬려

참고로 브로드웨이에서 너무너무 보고 싶은 쇼가 있으면 티켓을 미리미리 사 두는 것이 좋습니다.

NYC BASIC TIPS AND ETIQUETTE #35

어정쩡한 줄 서기

줄 서신 건가요?*

줄이 어디인지 헷갈릴 때는 **물어보세요.**

물어보지 않으면 이 남자처럼 됩니다! 줄에 서 있다고 착각하고 있지만… 이 여자는 줄을 서 있지 않습니다. 집합 연산 법칙(남자⊂여자)에 따라 여자 뒤에 서 있는 남자 역시 줄을 선 것이라고 볼 수 없죠.

트라이베카에 있는 레스토랑 피칸에 가 보세요.

*뉴욕 사람들은 "Are you on line?"이라고 말합니다.

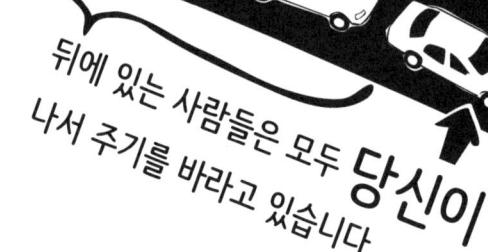

NYC BASIC TIPS AND ETIQUETTE #37

손잡이를 독차지하고 있는 사람이 있다면,
직접 나서서 모두의 전철을 지키세요.

할 말을 못함

할 말을 함

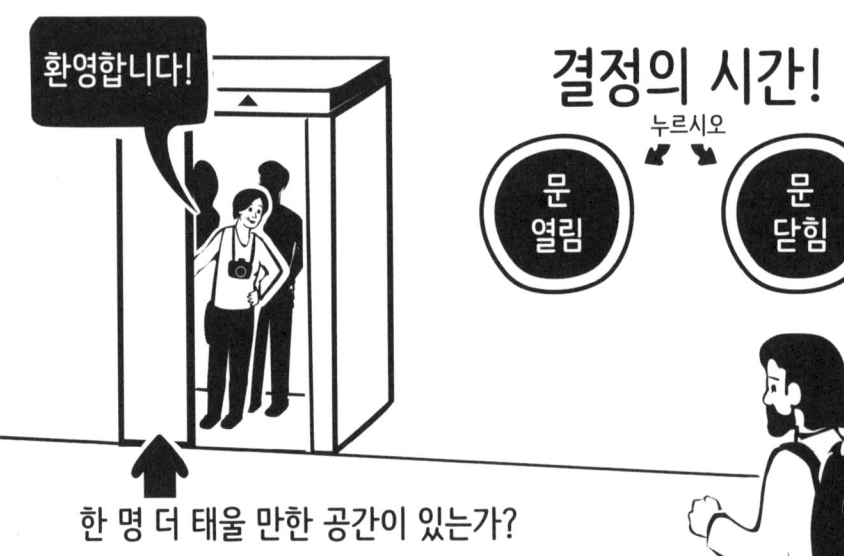

NYC BASIC TIPS AND ETIQUETTE #40

경찰이 바리케이드를 세우고 있으면
사람들이 몰려온다는 뜻입니다.

이런 상황이 생길 수 있습니다:

시위
퍼레이드
시위-퍼레이드
반 시위-퍼레이드 시위
들어 본 행사
들어 본 적 없는 행사
가수 공연

길을 건너거나 운전을 하는 것 같은 일들이 곧 어려워질 겁니다!

NYC BASIC TIPS AND ETIQUETTE #41

일찍
일어나면
온 도시가
나의 것…

NYC BASIC TIPS AND ETIQUETTE #43

사회적 인식은 여기에 기반합니다

대상 영속성

앗, 안 돼!
커피가 아직 있었네
왜 못 봤을까!

와인 뿜음
하하하하하하하

더 중요한 건, **사람들이죠**
눈에 보이지 않을 때도 여전히 존재하고 있습니다.

NYC BASIC TIPS AND ETIQUETTE #44

길에서 비키세요

보도가 비어 보이더라도.

지도는 여기에서 볼 것!

모퉁이에서 사람이 올 가능성이 있습니다.

P.S. 은행을 이용했으면 안에서 돈을 세고 나오세요!

NYC BASIC TIPS AND ETIQUETTE #45

어떤 동네는 다른 동네보다 더 복잡하죠!

빌리지

제가 구별하는 방법은 이렇습니다:

WEST VILLAGE
웨스트 빌리지

구불구불

지도를 챙기세요!
사선 교차로들은 보기엔 좋아도
짜증을 유발합니다.

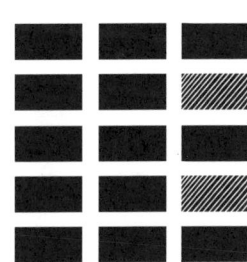

EAST VILLAGE

이스트 빌리지

4TH 3RD 2ND 1ST A B C D

도로 이름에 알파벳이 들어갑니다.
음수까지 쓴다면
너무 헷갈릴 테니까요.

NYC BASIC TIPS AND ETIQUETTE #48

뉴요커들이 눈을 마주치지 않는 이유.
그들은 그냥 출근하고 있을 뿐입니다.

…그리고 눈이 마주치면
다소 민망할 수 있습니다.

우리 둘 다 이런 걸 원한 건 아니야.

어떤 경우에는,
정말로 민망합니다.

· 바우어리 미션(Bowery Mission): 바우어리 지역에 위치한 기관으로, 노숙자와 빈곤층에게 식사와 쉼터를 제공한다.

NYC BASIC TIPS AND ETIQUETTE #53

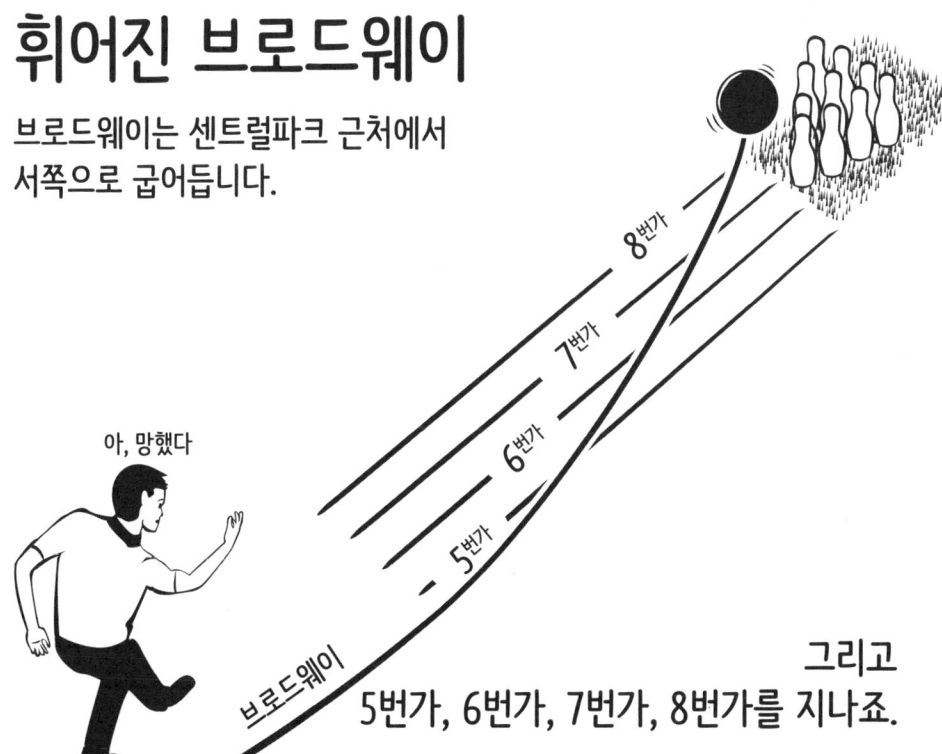

· 뉴욕 공립 도서관 정문 앞에 설치된 두 개의 사자상에는 각각 '인내(Patience)'와 '불굴의 정신(Fortitude)'이라는 별명이 붙어 있다.

NYC BASIC TIPS AND ETIQUETTE #55

백팩에 주의하시오

으앗 내 얼굴

어마어마한 백팩 때문에 사람들이 이쪽에 접근할 수 없습니다.

바로 이 부분 말이에요.

과장하려는 건 아닙니다만, 네 백팩이 모두의 인생을 영원히 망치고 있어!

NYC BASIC TIPS AND ETIQUETTE #56

제가 발견한 바로는,
가방별로 단점이 있습니다.

| 끈가방 | 백팩 | 캐리어 |

왜 좋지 않은가:

내 어깨에
셔츠 칼라에
오래 걷기에

왜 좋지 않은가:

등에서 땀이 남
붐비는 버스를 탈 때
어른스럽지 못함

왜 좋지 않은가:

물웅덩이에서 ➡
회전문에서
드라마틱한 퇴장시에

NYC BASIC TIPS AND ETIQUETTE #58

뒤로 가는 것에 대해 말하자면,

더더더더 뒤로 가세요.

맨해튼의 스카이라인을 사진에 담기 위한 기본 수칙

멋진 사진을 찍으려면 ≈ 강을 건너보세요! ≈

퀸즈 혹은 브루클린 혹은 뉴저지에서 찍은 사진

맨해튼의 길거리에서 찍은 사진

NYC BASIC TIPS AND ETIQUETTE #59

엠파이어스테이트 빌딩

크라이슬러 빌딩

NYC BASIC TIPS AND ETIQUETTE #60

현실은 광고 속 세상과 딴판입니다만,
뉴욕은 기대에 부응합니다.

광고에 나오는 **샌드위치** 맛있어 보임

실제 **샌드위치** 그 정도는 아님

광고에 나오는 **뉴욕** 멋있어 보임

실제 **뉴욕** 멋진데… 너무 힘들어

NYC BASIC TIPS AND ETIQUETTE #61

뉴욕의 삶이 이렇게 힘들 줄은 몰랐어요!
오하이오의 순박한 사람들 외에도…

내가 가장 그리워하는 것들

별

풀

내 자동차

그저 즉흥적인 여행이나 자유 따위를 말하려는 게 아니에요…

NYC BASIC TIPS AND ETIQUETTE #62

자동차는 나와 세상 사이의 보호막이 되어 주었죠.

자동차 안에서 나는…

슬퍼할 수 있었어요.

크게 노래 부를 수도 있었죠.

그런데 여기 전철에서는
그 보호막이 사라지고,
낯선 사람들 사이에서
원초적 감정들을 느낍니다.

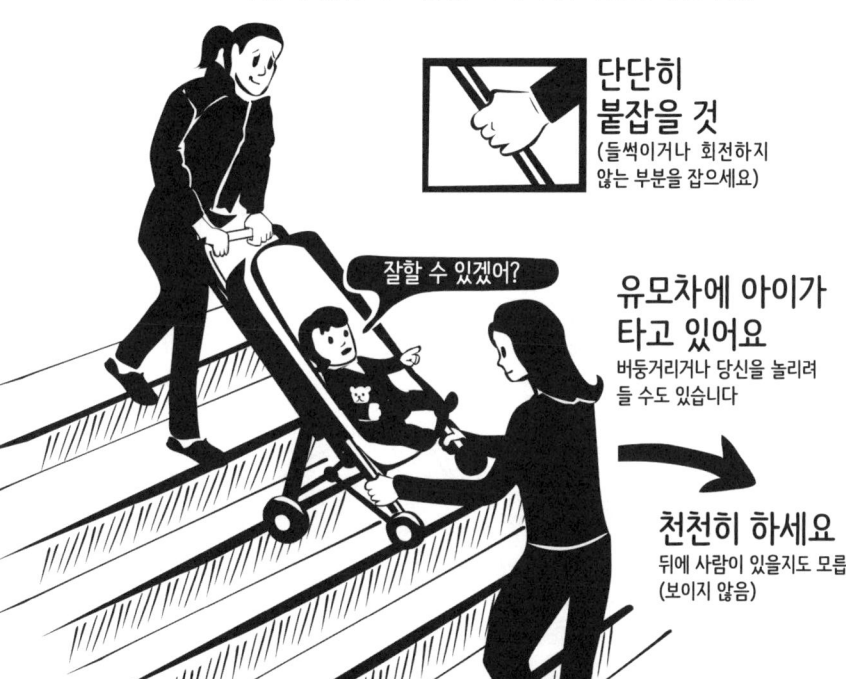

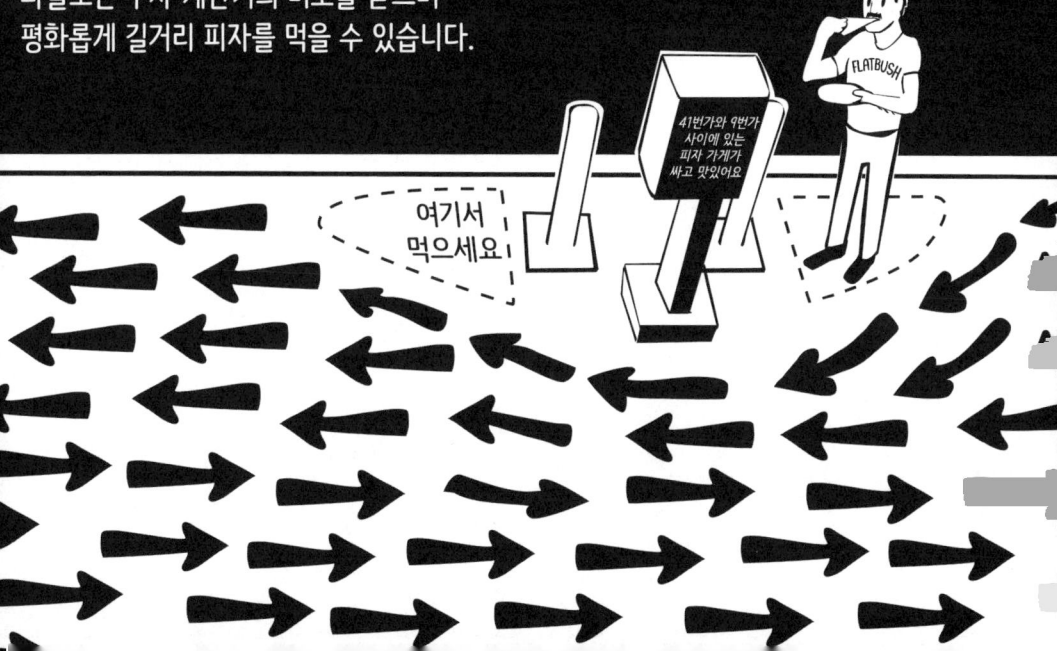

NYC BASIC TIPS AND ETIQUETTE #66

◀ 이것이 경쟁이 치열한 뉴욕에서 살아남는 방법!

노래 실력 ●●●●●●●○

친구/인맥 ●●○○○○○

스트레스관리 ●●●●○○○○

사기꾼 탐지 능력 ●●●○○○○○

WINNER
승리자

노래 실력 ●●●●●○○○

친구/인맥 ●●●●●●●○

스트레스관리 ●●●●●●○○

사기꾼 탐지 능력 ●●●●●○○○

일상생활을 헤쳐 나가는 기술을 연마하세요.
이곳에서 더 오래 버틸 수 있습니다.

NYC BASIC TIPS AND ETIQUETTE #68

경적은 한 번만 울려도 됩니다.

한 번

두 번

세 번

이만하면 됐음

괜한 분풀이

NYC BASIC TIPS AND ETIQUETTE #71

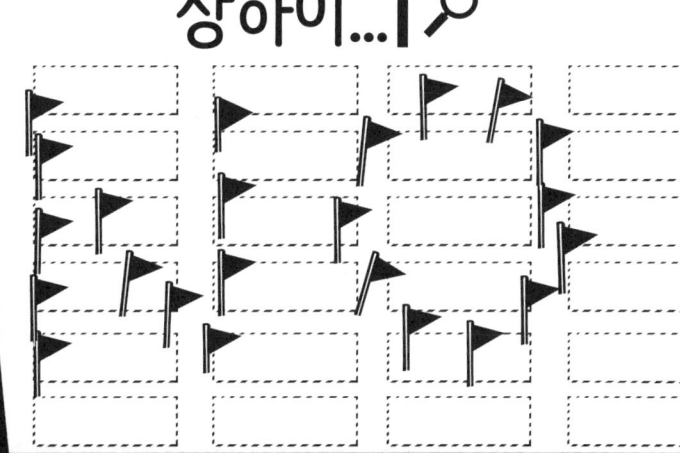

NYC BASIC TIPS AND ETIQUETTE #72

뉴욕에서는 모든 것에 퓨전 스타일이 있답니다!
어떤 분위기의 브런치를 좋아하세요?

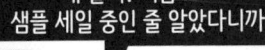

NYC BASIC TIPS AND ETIQUETTE #76

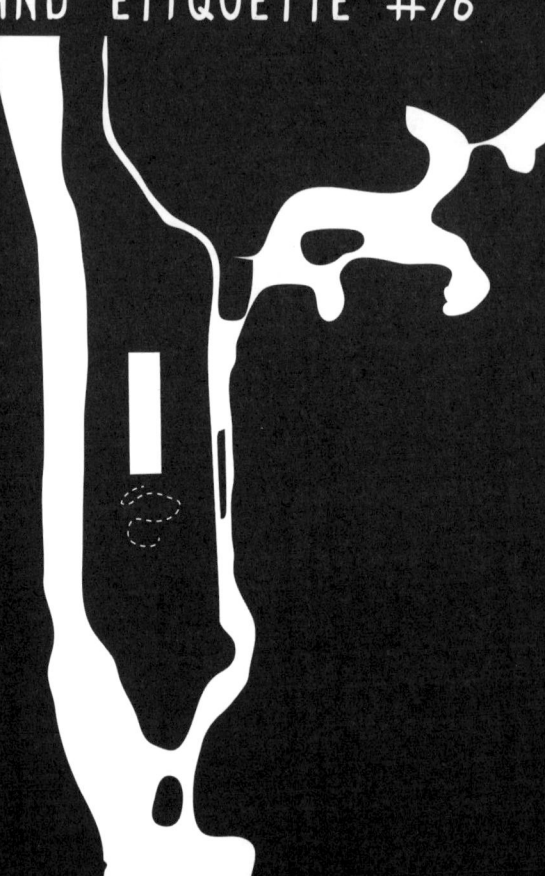

뉴욕 투어 경로

관광객들의 결론:
뉴욕을 다 둘러봤군.*
너무 복잡해.
여기선 절대 못 살겠다.

*아닐걸요?

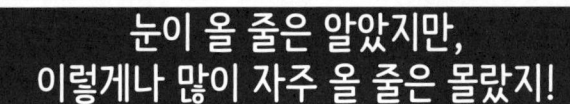

NYC BASIC TIPS AND ETIQUETTE #81

주변을 신경 쓰고 둘러보세요.

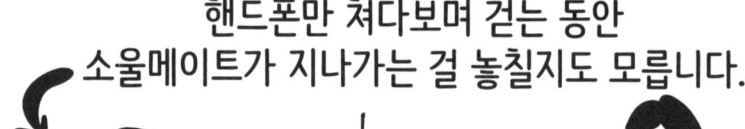

NYC BASIC TIPS AND ETIQUETTE #83

NYC BASIC TIPS AND ETIQUETTE #85

마찬가지로, 음식 냄새도 영역을 침범할 줄 안답니다.

매운 팟타이: NO

그래놀라 바: OK

대중교통에서 음식을 먹지 맙시다.

NYC BASIC TIPS AND ETIQUETTE #86

여기선 장난치지 마세요
죽음의 쓰레기 지옥입니다

바람

아직 참으세요 → 조금만 더 → 이제 숨 쉬어도 괜찮습니다

NYC BASIC TIPS AND ETIQUETTE #88

지금 책 읽고 있죠?
뭣 좀 알려 드리려고
벽을 뚫고 나왔습니다.

이곳을 지나갈 때는
꼭 조심하세요

건설 현장

자나 깨나 조심해야
죽음을 피할 수 있습니다.

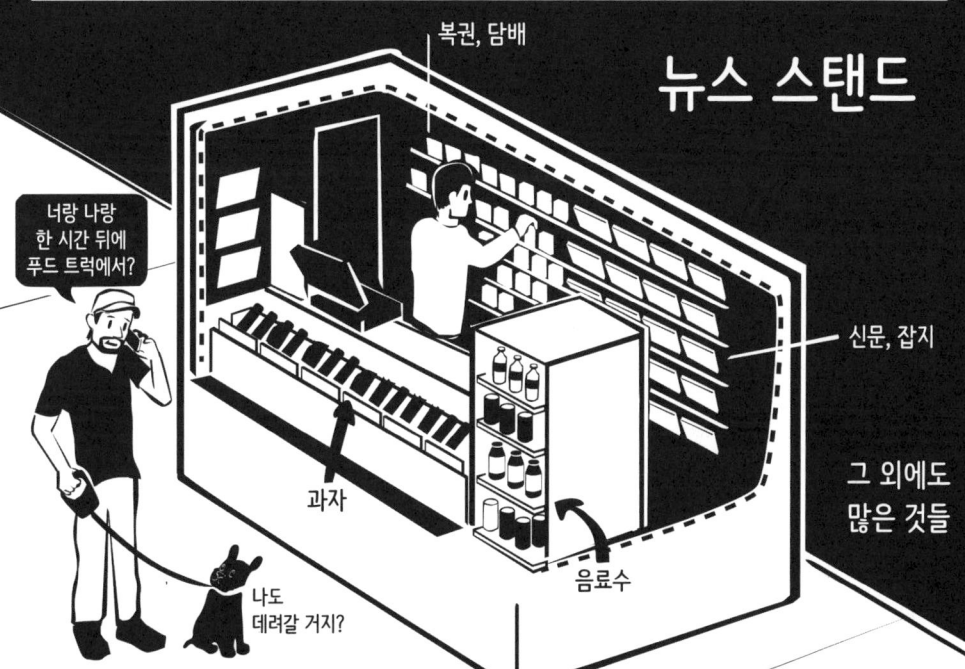

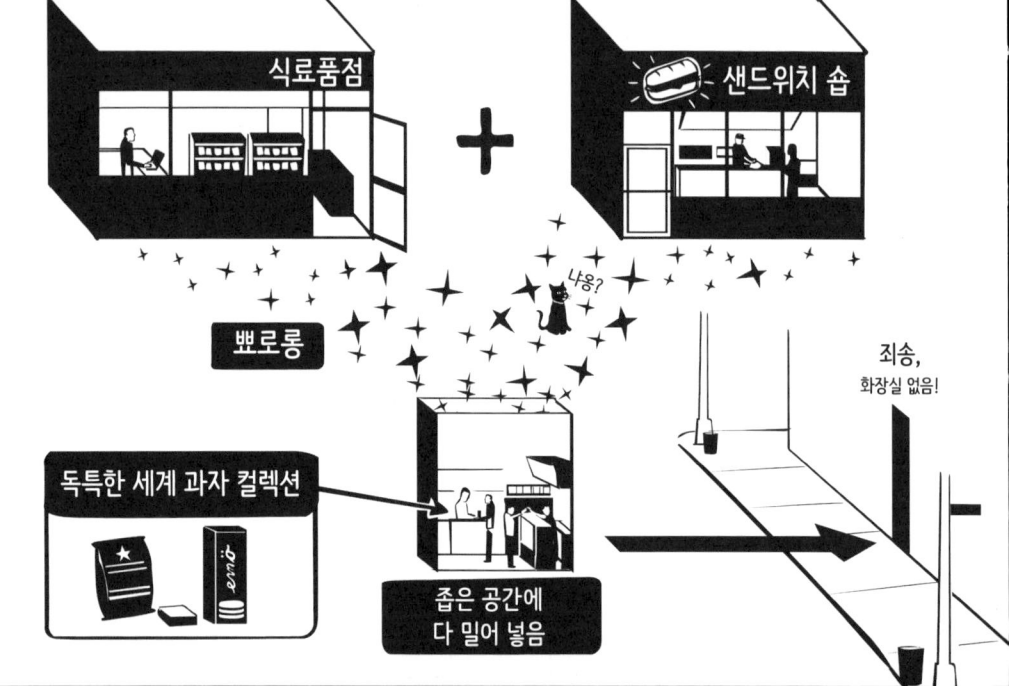

NYC BASIC TIPS AND ETIQUETTE #98

꼼꼼하게 살펴보면 알 수 있어요.

낯선 사람 따라가는 법

공항 가는 버스를 찾으세요?
따라갈 것

- 계절에 맞지 않는 옷을 입고 있음
- 커다란 캐리어
- 항공사 유니폼을 입고 있는 사람

길을 찾고 계세요?
물어볼 것

- 출근 복장 서류 가방
- 요가 매트
- 시장 봐 오는 사람

NYC BASIC TIPS AND ETIQUETTE #99

여기 위험한 사람들이 있습니다

술 취한 사람
혹은
수상한 사람

경계하세요

도망가세요

경찰에 신고하세요

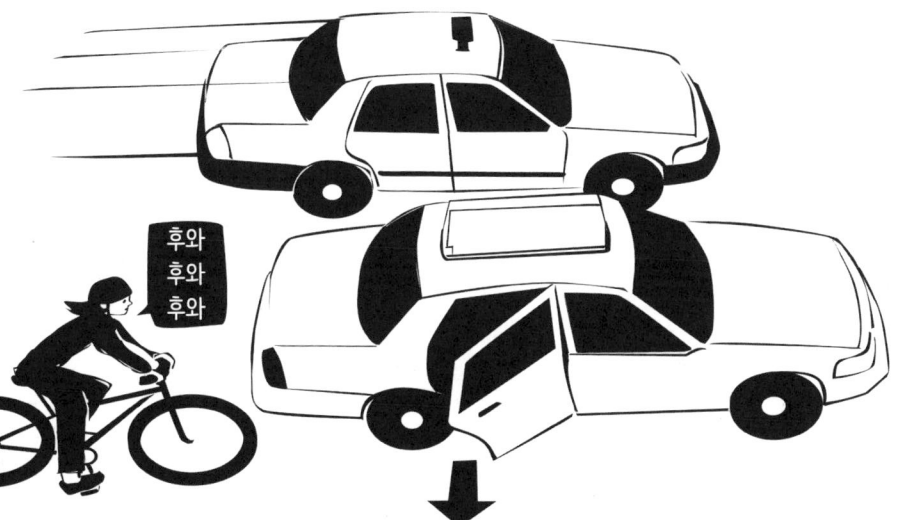

NYC BASIC TIPS AND ETIQUETTE #104

당신이 정말로 자전거 탄 사람을 죽일 수도 있기 때문에, 여기서 공개하겠습니다.

만들다 실패한 범퍼 스티커 4종:

자전거 운전자는 외부에 노출되어 있습니다.
자전거가 지나가면 문을 닫아 두자.

(의미 불분명)

자동차 문 열리는 희미한 그 소리에 자전거 운전자는 인생이 주마등처럼 스쳐 간다.

(너무 난해함)

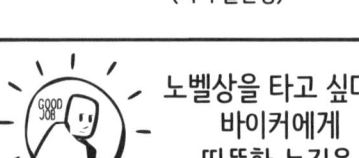

노벨상을 타고 싶다면 바이커에게 따뜻한 눈길을.

(과대광고?)

흘낏 뒤돌아보면 거기 있다네 두 바퀴 위에 탄 인간.

(호소력 없음)

절대 잊지 마세요.

NYC BASIC TIPS AND ETIQUETTE #106

NYC BASIC TIPS AND ETIQUETTE #109

세상에서 본 중에 제일 예쁜 사람이 반대편 승강장에서 방금 막 출발한 급행열차에 타고 있을 겁니다.

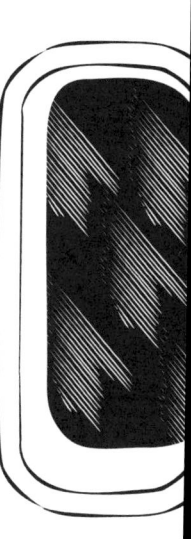

NYC BASIC TIPS AND ETIQUETTE #110

지나가는 사람의 개 목줄에 꼬이는 것은
정말 끔찍한 일입니다.

NYC BASIC TIPS AND ETIQUETTE #111

체스터턴을 탓하지 마세요!
이런 일이 일어나는 건 모두 당신의 탓.

개 산책  +  문자

자전거  +  음악감상

알코올  +  회전문
(외에도 기타 등등)

위험한 일들은 어디서든 위험하죠. 오하이오 주 콜럼버스에서도
위험한 일이라면 뉴욕에서는 훨씬 위험합니다.

NYC BASIC TIPS AND ETIQUETTE #112

통화 중인 척하면서 위장하려고 하지만!

"새치기"

아까부터 택시를 기다리던 사람…

제가 안 보이세요?

이 사람이 갑자기 끼어든다.

재수 없는 사람이죠. 동의하지 않으면 #33을 보세요.

NYC BASIC TIPS AND ETIQUETTE #116

원 월드 트레이드 센터처럼 멋진 스카이라인을 보면 아마 이렇게 하고 싶겠죠.

비디오를 찍을 때 절대로 폰을 세로로 들지 마세요

괜찮아! 하라구

대신, 모든 비디오를 **가로로 찍으세요!**

그 셰이크 색 감자튀김 내놔!

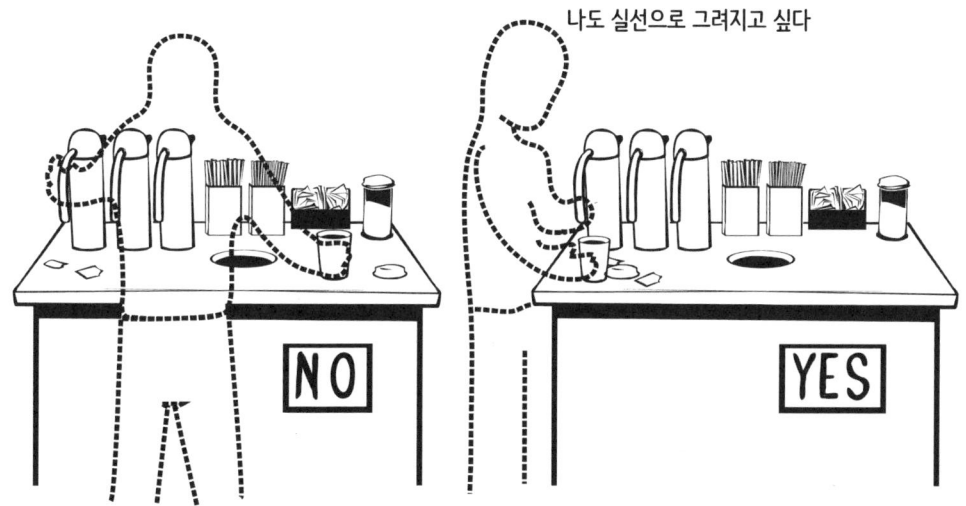

NYC BASIC TIPS AND ETIQUETTE #120

뉴욕에선 불쾌한 일들이 일어납니다.

FAQ: 자주 묻는 질문들

지금 저 사람이 훔친 자전거를 나한테 팔려고 한 거야?

이 냄새는 혹시 내가 생각하는 그 냄새인가?

답: **YES**

새벽 6시에 망치질 하는 거야?

여기가 정말 세계 최고의 도시라고?

NYC BASIC TIPS AND ETIQUETTE #121

기분 나쁜 일을 겪고 있을 땐, 떠올려 보세요

뉴욕이 얼마나 대단한 도시인지!

NYC BASIC TIPS AND ETIQUETTE #122

오늘의 쓰레기 예보

꽉 찬 휴지통 위에 계속 쓰레기를 버렸군요.
강풍이 불어옴에 따라
쓰레기들이 모두 보도 위에 날릴 예정입니다.

이 위로 더 버리지 마시오

NYC BASIC TIPS AND ETIQUETTE #125

트레이드-오프

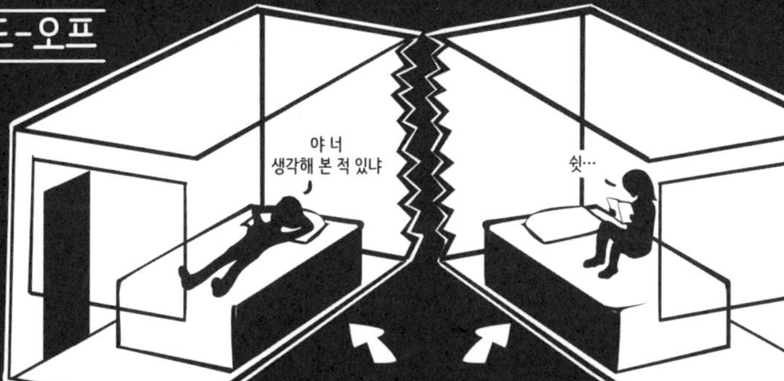

야 너 생각해 본 적 있냐

쉿…

⬆ ⬆
룸메이트

아니면

⬅ 멀리 산다

십셰드 베이다!

내가 아는 뉴요커들은 거의
둘 중 하나의 방법으로 월세를 아낍니다.

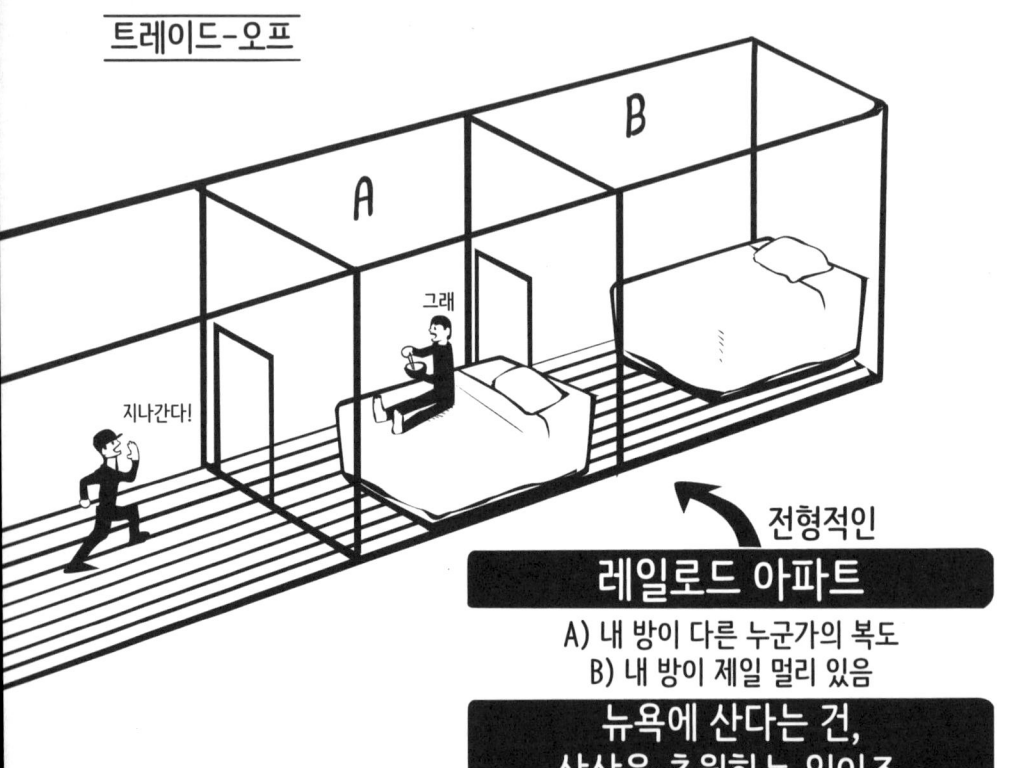

NYC BASIC TIPS AND ETIQUETTE #127

좋은 면을 봅시다

회사에서 하늘을 보기는 쉽지 않죠

세상에, 아주 좋군.

방금 하늘.

예쁘다.

좋아요!

그래도 사람들이 SNS에 올리는 사진으로 일몰을 감상할 수 있습니다.

NYC BASIC TIPS AND ETIQUETTE #129

아, 이 짐들을 들고 집까지 걸어가야 돼

− 부정적인 생각

집까지 가는 길에 운동도 되고 좋군

앗, 여자들이다.

+ 긍정적인 생각

NYC BASIC TIPS AND ETIQUETTE #131

뉴욕에서, 저는 항상 이런 사람들을 봅니다

기운을 북돋아 주는 사람들

NYC BASIC TIPS AND ETIQUETTE #132

뉴욕살이는 힘들고, 매일이 즐거울 순 없죠!

LEVEL 1

안전하게 내림!

관찰력! +50

LEVEL 2

핸드폰 떨어뜨림! 노트북 잃어버림!

아 젠장

의기소침! -25

하루를 망쳤습니다

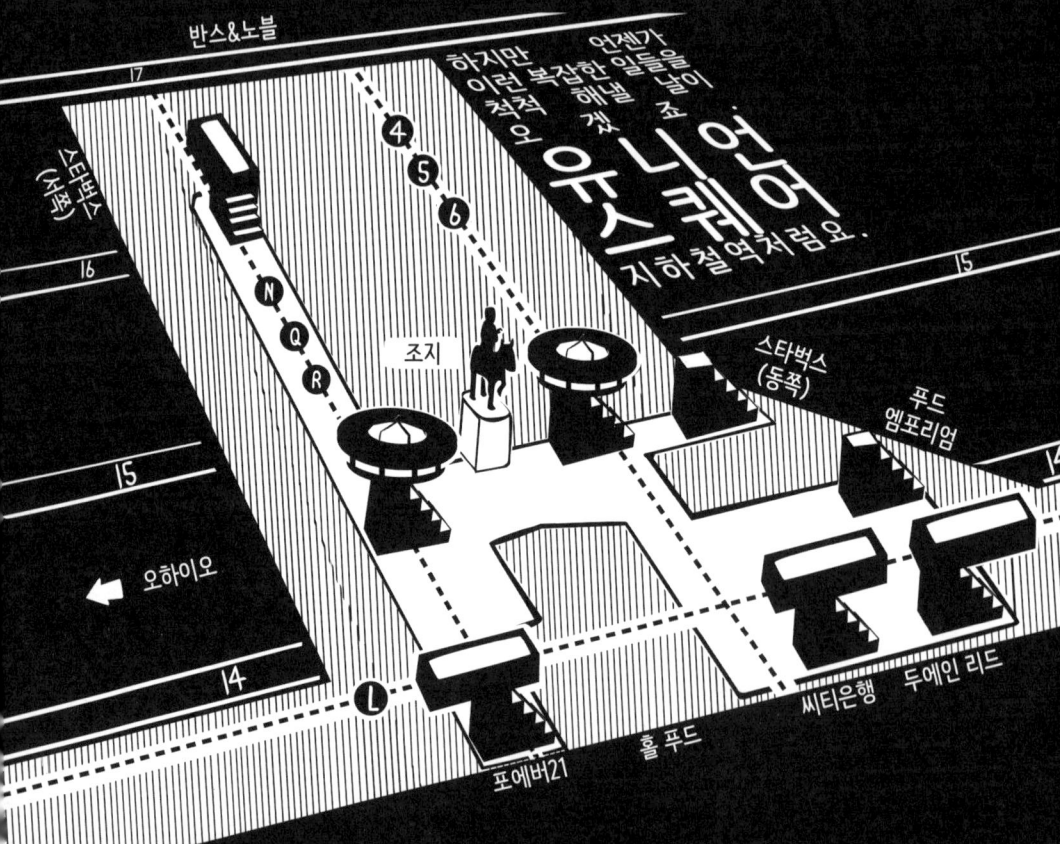

NYC BASIC TIPS AND ETIQUETTE #134

- 반스&노블(Barnes&Noble): 미국에서 가장 큰 서점 체인.
- 푸드 엠포리엄(Food Emporium), 홀 푸드(Whole Foods): 식료품을 파는 마트.
- 두에인 리드(Duane Reade): 미국의 대표적인 약국 겸 편의점 체인.
- 포에버21(Forever21): 캘리포니아 주에 본사를 둔 패션 브랜드.

네이선 W. 파일은 2008년 그레이하운드 버스를 타고 오하이오에서 뉴욕으로 왔습니다. 일러스트 외에도 논픽션 TV 프로그램을 만들고 있습니다. 신학을 전공했습니다.

감사드리고 싶습니다. 항상 나를 지지해 주는 내 가족 — 엄마 아빠, 세라, 게이브리얼, 벤저민, 앤서니, 어번, 할머니, 할아버지, 외할머니, 외할아버지, 그리고 나에게 일러스트레이터가 뭔지 알려 준 클린트! 그리고 케터링, 데이턴, 제니아, 콜럼버스, 댈러스에서 만난 사람들, 데이턴 크리스천 고등학교와 애즈버리 대학교 선생님들. 탁월한 편집자 캐시, 그리고 하퍼콜린스의 뛰어난 사람들에게 감사합니다.
책이 나오기까지 도와준 친구들에게도 감사합니다. 조너선, 셰릴, D.T., 하이디, 벤지, 맷, 에이미, 스콧, 앨릭스, 로건, 베일리, 그레그, 맷, 에린, 메리, 짐, 세라, 메건, 데릭, 세라 루스, 크리스타, 니키, 리즈, 앤, 그레첸, 크리스, 제스, 앤디, 셸리, 제프리, 스테파냐, 앨리드, 콜, 존, 커츠, 크레이그, 그리고 스레들리스의 동료들, 우트닷컴, 레딧, 레스큐스레드.
그리고 인생에 일어난 모든 좋은 일에 대해 하나님께 감사합니다.

옮긴이 **김하늬**

1987년 전북 고창 출생. 출판 편집자로 일하고 있다. 인터넷 커뮤니티 레딧의 유저로, 평소 에티켓을 중시한다. 레딧에서 NYC BASIC TIPS AND ETIQUETTE을 처음 본 순간 사랑에 빠졌고 단행본으로 출간되었다는 사실을 알게 된 후 이 책을 한국에 소개하기로 결심했다. 현재 홍대 근처에서 거주하고 있는데, 퇴근길 자신의 앞을 막아서는 '길막러'들에게 이 책을 추천하고 싶다고 한다.